Título del original alemán: *Ein Jahr mit den Buntspechten*
Traducción de Juan Manuel Miera
© 2017, Gerstenberg Verlag, Hildesheim, Germany
© para España y el español: Lóguez Ediciones 2017
Todos los derechos reservados
Printed in Spain: Grafo, S.A.
D.L.: S.60-2017
ISBN 978-84-945653-7-3
www.loguezediciones.es

Thomas Müller

Un año con los picapinos

Lóguez

El sol ha derretido la última nieve hace unos días. Las anémonas se encuentran en plena floración y los pájaros compiten con sus cánticos. De pronto, un sonoro tamborileo resuena a través del luminoso bosque primaveral.

El picapinos macho, el pájaro carpintero más común,
repiquetea con su pico contra la rama de
un abedul. Todos deben oír
que esa parte del bosque es su territorio.

La pareja de picapinos ha encontrado un viejo
roble que les viene muy bien
para anidar. Inmediatamente, comienza a
taladrar con el pico una cueva en
el tronco. Ambos se relevan en el trabajo, aunque
es el macho quien realiza la mayor parte.

Apenas una semana más tarde, lo han conseguido:
la cueva para anidar está terminada. La hembra pone seis
huevos, uno por día, en el fondo de la cueva, cubierta de
finas virutas de madera. Ambos empollan los huevos. La
noche siempre corre a cargo del macho,
mientras la hembra descansa en un agujero cercano.

Las crías del picapinos salen del cascarón a los doce días. Al principio, todavía están desnudas y ciegas. Sus padres las mantienen calientes y las alimentan con larvas de coleópteros y orugas. Los polluelos abren los ojos a los diez días. Ahora, sus frágiles cuerpos están también recubiertos por las primeras plumas.

Protegidos de la lluvia y del viento y de enemigos
como la marta y las aves de presa, los polluelos
crecen rápidamente en su nido. Se
pueden oír desde lejos sus llamadas
hambrientas. Los jóvenes trepan
hacia la entrada de la cueva para ser alimentados
por sus padres.

Los jóvenes picapinos abandonan el ahora
estrecho nido y revolotean hasta los árboles
más próximos, aprendiendo, durante un
tiempo, a conocer el nuevo mundo.

Durante unos diez días, los jóvenes picapinos
serán alimentados por sus padres, mientras se
van volviendo más independientes, alejándose
cada vez más del árbol donde estaba su nido.

Los jóvenes picapinos ya han aprendido
cómo acceder a las sabrosas larvas de
coleópteros escondidas bajo la corteza de los
árboles: mediante fuertes y decididos golpes con el pico,
recorren los estrechos pasillos huecos en la
madera y perforan un agujero pescando
las larvas con su largas lenguas.
Un crecido árbol podrido esconde una gran
cantidad de sorpresas...

A veces, también desagradables. ¡Es mejor
huir ante las abejas salvajes!

Con el tiempo, los jóvenes picapinos
aprenden a conocer mejor la vida en el bosque.
También sus peligros; por ejemplo, al azor,
que, por suerte, esta vez pasa de largo
sin descubrirlos.

Lentamente, ha llegado el otoño. El bosque esconde
una gran cantidad de alimento para los jóvenes
picapinos, que, después de mudar las plumas,
ya no se diferencian de sus padres.
Cada uno se ha buscado su propio territorio
cerca del antiguo árbol nido.

El invierno aparece con copiosas nevadas.
Es como si la vida en el bosque se hubiera paralizado.

Las larvas de coleópteros se han refugiado en las
profundidades de la madera, resultando
inalcanzables para los hambrientos
picapinos, lo que les obliga a cambiar su alimentación.
Ahora, en invierno, su alimento principal son las
semillas de las coníferas.
Hábilmente, los picapinos fijan las piñas
en los agujeros de los árboles, hechos por
ellos mismos, para poder extraer las semillas.
Así, los picapinos pasan el invierno sin
padecer hambre.

Cuando en primavera por fin se derrite la nieve,
el bosque se llena de nueva vida
y la naturaleza despierta por todas partes,
el sonoro tamborileo de los picapinos
también suena nuevamente en el bosque primaveral.

De interés

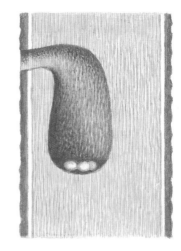

Corte transversal de la cueva nido

El PICO PICAPINOS, con sus colores blanco, negro y rojo es el pájaro carpintero más común. Con sus 22 centímetros, es aproximadamente del tamaño de un mirlo. La hembra tiene rayas de color negro y blanco en la cabeza. El macho luce una sola mancha roja en la nuca. Las crías tienen una raya roja en la cabeza y un plumaje rosado bajo la cola. Por todas partes, donde hay suficientes árboles viejos, se puede encontrar el picapinos: en bosques, montes, jardines e incluso en los parques de la ciudad.

El pico picapinos dispone de fuertes garras en sus patas, dos de las cuales están dirigidas hacia delante y las otras dos hacia atrás, con las que se sujetan a la corteza del árbol. Su cola, con sus rígidas y puntiagudas plumas, le sirve de punto de apoyo, de manera que se aferran literalmente al árbol y, así, pueden ejecutar sus fuertes golpes de pico. Hacen la cueva para anidar preferentemente en árboles podridos, pero también en árboles completamente sanos, por lo general a una altura entre tres y ocho metros. Con su fuerte pico va retirando viruta tras viruta hasta conseguir un agujero nido en forma de pera, de unos 30 centímetros de profundidad, con un pequeño orificio de entrada y salida.

Para amortiguar las fuertes sacudidas de los golpes, el pico del pájaro carpintero tiene una conexión flexible con su cráneo. Además, el pico está rodeado de fuertes músculos que funcionan como amortiguadores.

Con su elástica y rugosa lengua, el pájaro carpintero puede llegar hasta las larvas en las profundas grietas de la madera.

Como ave sedentaria que es, el picapinos tiene un extenso espectro de alimentos, formado principalmente por insectos de toda clase. En primavera, los picapinos realizan en la corteza de los troncos una serie de agujeros muy próximos entre sí, y de los que más tarde beberán la fresca savia recogida en ellos.

Comen frutas y semillas, pero también saquean nidos de otros pájaros. En invierno, su principal alimento está formado por semillas de abetos y pinos. Los llamados yunques de los pájaros carpinteros —árboles en los que fijan las piñas para trabajarlas con posterioridad—son fácilmente reconocibles: en el suelo se encuentran gran cantidad de piñas vacías. También acceden así a otros frutos secos de cáscara dura como avellanas, nueces...

Los pájaros carpinteros construyen más cuevas en los árboles de las que necesitan. Esas oquedades son utilizadas por muchas otras aves y por animales que crían en ellas pero que no construyen su propia morada, como los carboneros, avispones, lirones y murciélagos.

EL PITO REAL

El pito real está ampliamente extendido en nuestro paisaje cultural. Es algo más grande que el pico picapinos. En los machos, la franja roja lateral de la cara está enmarcada en negro; en la hembra, es solamente negra. El pito real se alimenta casi exclusivamente de hormigas y de sus larvas. En invierno, perfora con su pico los nidos de hormigas para acceder a ellas.

EL PICAMADEROS NEGRO

Casi del tamaño de la urraca, vive en extensos bosques. El macho tiene una raya roja en la cabeza; la hembra solamente una roja en la nuca. El picamaderos negro horada su cueva, de casi 50 centímetros de profundidad, preferentemente en grandes hayas o en piceas.

EL PICO MEDIANO

El pico mediano es menos frecuente y algo más pequeño que el pico picapinos. Machos y hembras apenas se diferencian exteriormente entre sí. El pico mediano vive en bosques de robles; sus preferidos son los bosques de carpes y robles con árboles viejos. Se alimenta de insectos y semillas.